Para:

....

De:

....

Fecha:

....

© 2010 por Grupo Nelson®

Publicado en Nashville, Tennessee, Estados Unidos de América.

Grupo Nelson, Inc. es una subsidiaria que pertenece
completamente a Thomas Nelson, Inc.

Grupo Nelson es una marca registrada de Thomas Nelson, Inc.

www.gruponelson.com

Título en inglés: *God's Promises for Boys*

Texto y arte © 2010 Thomas Nelson, Inc.

Editora General: *Graciela Lelli*

Traducción: *Celeste Klein*

Adaptación del diseño al español: *Blomerus.org*

ISBN: 978-1-60255-417-7

10 11 12 13 14 HCI 9 8 7 6 5 4 3 2 1

Save for title page Promesas para Ninos

Índice

Promesas de Dios cuando . . .

Promesas de Dios acerca de . . .

Dios quiere que . . .

Dios promete ayudarte cuando . . .

Promesas de Dios para distinguirte

Promesas de Dios acerca de Jesús

Promesas de Dios para ti

Quieras ser genial

Tener estilo y estar «en la onda»
mientras sigas las reglas, no es malo.
Pero ayudar, respetar y seguir a Dios,
¡Son las únicas formas de ser muy genial!

No se amolden a la conducta de este mundo; al
contrario, sean diferentes en cuanto a su conducta
o forma de pensar. Así aprenderán lo que Dios
quiere, lo que es bueno, agradable y perfecto.

ROMANOS 12.2

• • •

Ya que es así, ofrezcamos continuamente a
Dios un sacrificio de alabanza por medio de
Jesucristo; es decir, confesemos su nombre con
nuestros labios. No se olviden de hacer el bien
y de compartir con otros lo que tienen, porque
esos son los sacrificios que agradan a Dios.

HEBREOS 13.15-16

Pero ustedes son una familia escogida, son sacerdotes reales y son una nación santa. Son un pueblo que Dios compró para que anuncien sus obras extraordinarias; él fue quien los llamó de las tinieblas a su luz maravillosa.

1 PEDRO 2.9

Estés alegre

¡Hoy es un día hermoso!
Ideal para pescar, ¡prepara tu carnada!
Siempre hay motivos para estar alegre,
seas quien seas y hagas lo que hagas.

Pidan y recibirán, para que su alegría sea completa.

JUAN 16.24

• • •

Ustedes aman a Jesucristo a pesar de que no
lo han visto; y aunque ahora no lo ven, creen
en él y se llenan de una gran alegría.

1 PEDRO 1.8

• • •

Sí, el Señor ha hecho cosas
maravillosas, ¡qué alegría!

SALMOS 126.3

¡Dejen que les cuente la felicidad que Dios me ha dado! Me ha cubierto con vestiduras de salvación y me ha puesto un manto de justicia.

ISAÍAS 61.10

Estés agradecido

Por los padres y amigos que te aman,
Por los árboles para trepar y el calor del sol,
Por tener todo lo que necesitas, y aun más
¡Di: «Gracias, Dios», con todo tu corazón!

¡Gracias a Dios por el regalo tan maravilloso que nos
ha dado, y que no podemos expresar con palabras!

2 CORINTIOS 9.15

· • ·

«Den gracias al Señor, porque él es bueno; su
amor y su bondad continúan para siempre».

1 CRÓNICAS 16.34

· • ·

Él [Señor] es mi fuerza, el escudo que me
protege de todo peligro. En él confié y él me
ayudó. En mi corazón hay tanto gozo que
prorrumpo en un cántico de alabanza a él.

SALMOS 28.7

Vamos, arrodillémonos ante el Señor nuestro hacedor, porque él es nuestro Dios. Nosotros somos el pueblo al que él vigila, ovejas de su rebaño a las que cuida. ¡Ah, que hoy escucharan ustedes su llamado y acudieran a él!

SALMOS 95.6-7

Estés preocupado

Pequeño valiente, no te aflijas.
Mi querido hijo, ¡no hay de qué temer!
¡No existe en el mundo problema alguno
que Dios no pueda resolver!

Lleva tus cargas al Señor, él te sostendrá. No
permitirá que el santo resbale o caiga.

SALMOS 55.22

• • •

Él [Señor] cuidará en perfecta paz a todos los
que confían en él y cuyos pensamientos buscan a
menudo al Señor. Confíen siempre en el Señor
Dios, porque en el Señor hay fortaleza eterna.

ISAÍAS 26.3-4

Les dejo la paz; les doy mi paz; pero no
se la doy a ustedes como la da el mundo.
No se angustien ni tengan miedo.

JUAN 14.27

Necesites ayuda

¿Necesitas ayuda? ¿No tienes dónde ir?
¿Ya no sabes dónde buscar?
Recuerda solamente una cosa:
Lo mejor que puedes hacer es *orar*.

¡Pueblo mío, confía en él siempre! ¡Ábrele
tu corazón, pues él es nuestro refugio!

SALMOS 62.8

• • •

Confía en el Señor con todo corazón, y no confíes en
tu propia inteligencia. Busca la voluntad del Señor
en todo lo que hagas, y él dirigirá tus caminos.

PROVERBIOS 3.5-6

• • •

Sólo en el Señor confiamos para que nos salve. Sólo
él puede ayudarnos; nos protege como escudo.

SALMOS 33.20

Dios es nuestro amparo y nuestra fuerza, nuestra pronta ayuda en tiempos de tribulación. Por eso no temeremos aunque el mundo se desintegre y los montes se derrumben y caigan al mar.

SALMOS 46.1-2

Te sientas culpable

Tu pelota abolló el auto de papá
y las miradas de todos sobre ti están…
Quédate donde estás, y di: «Lo siento».
Es lo mejor que puedes hacer.

«Dios no envió a su Hijo al mundo para
condenar al mundo, sino para salvarlo por
medio de él. El que cree en el Hijo único
de Dios no será condenado, pero quien
no cree en él ya está condenado».

JUAN 3.17-18

• • •

Por lo tanto, si alguien está unido a
Cristo, es una nueva creación. ¡Lo viejo ha
quedado atrás y lo nuevo ha llegado!

2 CORINTIOS 5.17

«Les aseguro que el que presta atención a lo que digo y cree en el que me envió, tiene vida eterna y no será condenado, porque ha pasado de la muerte a la vida».

JUAN 5.24

• • •

«No juzguen a los demás y así no los juzgarán a ustedes. No condenen a los demás y no los condenarán a ustedes. Perdonen, y serán perdonados».

LUCAS 6.37

Te sientas tentado a hacer algo malo

El aroma de las galletas se siente en todos lados,
pero recuerdas que mamá dijo: «Espera».
Así que, si escuchas una voz que dice:
«Sí, hazlo»,
Asegúrate de que «¡No lo haré!» sea tu respuesta.

Ustedes no han pasado por ninguna tentación
que no sea común al género humano. Pero
pueden estar confiados en la fidelidad de Dios,
que no dejará que la tentación sea más fuerte
de lo que puedan resistir. Dios les mostrará la
manera de resistir la tentación y escapar de ella.

1 Corintios 10.13

• • •

Tengan cuidado y estén siempre alertas, pues su
enemigo, el diablo, anda como león rugiente
buscando a quién devorar. Resistan sus ataques
manteniéndose firmes en la fe. Recuerden que

los hermanos de ustedes en todo el mundo están
soportando la misma clase de sufrimientos.

1 PEDRO 5.8-9

• • •

Por eso era necesario que en todo fuera semejante a
sus hermanos... Y ya que él mismo sufrió la tentación
puede ahora ayudar a los que son tentados.

HEBREOS 2.17-18

Necesites un espíritu deportivo

El árbitro te sopló el silbato en la cara
Y el equipo contrario se robó la pelota...
Aun así, mantén una buena actitud:
Esa es la regla más exitosa de todas.

Lo que pido en mis oraciones es que el amor de
ustedes sea cada vez más grande y que su conocimiento
y buen juicio crezcan, para que sepan elegir lo
que es mejor y para que vivan de una manera
limpia y sin reproche hasta el día cuando Cristo
regrese; también para que estén llenos del fruto de
justicia que se produce por medio de Jesucristo,
para que le den la gloria y la alabanza de Dios.

FILIPENSES 1.9-11

. . .

Tú tienes que darles el ejemplo en todo con tus
buenas acciones. Cuando los enseñes, hazlo con
integridad y seriedad ... Sí, Dios ha mostrado su
amor gratuito que trae salvación a todo el mundo.

TITO 2.7, 11

Amados, pongamos en práctica el amor
mutuo, porque el amor es de Dios. Todo el
que ama y es bondadoso da prueba de ser hijo
de Dios y de conocerlo bien. El que no ama
no conoce a Dios, porque Dios es amor.

1 Juan 4.7-8

Necesites consuelo

Si no puedes encontrar a tu perro
o tu mejor amigo se ha mudado,
vuélvete a Dios y sentirás
Su amor consolador por todos lados.

¡Bendito sea el Dios y Padre de nuestro
Señor Jesucristo, Padre misericordioso y
Dios de toda consolación! Él nos consuela
en todas nuestras tribulaciones, para que
podamos consolar a todos los que sufren, con
el mismo consuelo que él nos prodigó.

2 CORINTIOS 1.3-4

• • •

Yo, sí, yo soy el que te conforta y te da todo este gozo.

ISAÍAS 51.12

• • •

Dios ... alienta a los desalentados.

2 CORINTIOS 7.6

No se angustien. Confíen en Dios,
y confíen también en mí.

JUAN 14.1

Necesites perdón

Una vez que hayas dicho: «Perdóname»,
del resto se encargará Dios.
Él olvidará lo malo que has hecho,
¡Y sólo recordará de ti lo mejor!

No nos ha castigado conforme a lo que merecemos por
todos nuestros pecados ... Ha arrojado nuestros pecados
tan lejos de nosotros como está el oriente del occidente.

SALMOS 103.10, 12

• • •

Pero si confesamos a Dios nuestros pecados, él, que es
fiel y justo, nos perdonará y nos limpiará de toda maldad.

1 JUAN 1.9

• • •

¡Qué felicidad la de aquellos cuya culpa
ha sido perdonada! ¡Qué gozo hay cuando
los perdonados son borrados!

SALMOS 32.1

Él perdona todos tus pecados y sana todas tus
enfermedades, y rescata tu vida del sepulcro.
Te rodea de tierno amor y misericordia.

SALMOS 103.3-4

Estés enojado

¿Habló mal de ti tu compañero de clases?
¿Te rompió el camión tu hermana?
No grites; no te enfades. Pídele a Dios
que ponga paz en tu corazón.

Todos ustedes ... deben ser lentos para ...
enojarse. Porque el enojo no deja a la gente
vivir con justicia como Dios quiere. Por eso,
despójense de toda suciedad y de la maldad que
tanto abunda. De esa manera podrán recibir
con humildad la palabra sembrada en ustedes.
Esta palabra tiene poder para salvarles la vida.

SANTIAGO 1.19-21

• • •

Sopórtense unos a otros y perdonen a quienes
se quejen de ustedes. Si el Señor los perdonó,
ustedes están obligados a perdonar.

COLOSENSES 3.13

La respuesta amable calma el enojo, pero la respuesta grosera lo hace encenderse más.

PROVERBIOS 15.1

Te sientas solo

¿Te sientes abandonado y un poco triste?
¿Pareciera que de ti se han olvidado todos?
Vuélvete al que siempre está presente,
y verás que nunca estás solo.

«No temas, pues yo estoy contigo, no te desanimes.
Yo soy tu Dios, yo te fortaleceré, yo te ayudaré, yo
te sostendré con mi triunfante mano diestra».

ISAÍAS 41.10

• • •

«Podrán los montes marcharse y desaparecer las
colinas, pero la misericordia mía no te dejará.
Jamás será quebrantada mi promesa de paz para ti,
dice el Señor, quien tiene misericordia de ti».

ISAÍAS 54.10

«Porque yo estoy con ustedes y los libraré
de cualquier peligro», dice el Señor.

JEREMÍAS 30.11

• • •

De una cosa podrán estar seguros: Estaré con
ustedes siempre, hasta el fin del mundo.

MATEO 28.20

Quieras hacer las cosas a tu manera

Si no pudiste jugar lo que querías
o en el partido no jugaste el campo corto...
Mantén la calma, y recuerda esta regla:
¡Que tu manera sea la de Dios!

El sabio teme al Señor y se aparta del
mal, pero al necio no le importa y es muy
confiado. El que fácilmente se enoja hace
locuras, y el perverso es odiado.

PROVERBIOS 14.16–17

• • •

Porque es Dios el que les da a ustedes el deseo de
cumplir su voluntad y de que la lleven a cabo.

FILIPENSES 2.13

Haz que yo ande por la senda de tus mandamientos, porque es ahí donde encuentro la felicidad. ¡Ayúdame a preferir tus decretos y a no amar el dinero!

SALMOS 119.35-36

Tengas miedo

Monstruos. Arañas. Estar solo.
¿Te hacen temblar y te aterran?
Cuando tengas miedo, recuerda estas palabras:
Dios está contigo: ¡Él siempre está cerca!

El Espíritu que es don de Dios, no quiere
que temamos a la gente, sino que tengamos
fortaleza, amor y dominio propio.

2 TIMOTEO 1.7

• • •

Ustedes no recibieron un espíritu que los haga esclavos
del miedo; recibieron el Espíritu que los adopta como
hijos de Dios y les permite clamar: «Padre, Padre»,
porque el Espíritu mismo le asegura a nuestro espíritu
que somos hijos de Dios. Y como somos sus hijos,
somos herederos: herederos de Dios y coherederos
junto con Cristo. Pero si compartimos su gloria,
también hemos de participar de sus sufrimientos.

ROMANOS 8.15-17

No hay por qué temer a quien tan perfectamente nos ama. Su perfecto amor elimina cualquier temor.

1 JUAN 4.18

• • •

Él [Señor] está de mi parte, no tendré miedo.
¿Qué podrá hacerme un simple mortal?

SALMOS 118.6

El hombre que serás cuando crezcas

¡Cumple tus sueños! ¡No renuncies a ellos!
Y cuando un trabajo tengas que elegir
(sea doctor, bombero o maestro)
¡Cumple el propósito que Dios tiene para ti!

«Yo soy la vid verdadera, y mi Padre es el que la
cultiva … Sigan unidos a mí, y yo seguiré unido a
ustedes. Así como una rama no puede dar fruto por
sí misma, separada de la vid, así tampoco ustedes
pueden dar fruto si están separados de mí».

JUAN 15.1, 4

• • •

Por cuanto Dios los escogió y son santos y amados,
practiquen con sinceridad la compasión y la
bondad. Sean humildes, amables y buenos.

COLOSENSES 3.12

Amar a Dios es obedecer sus mandamientos; y esto no es difícil, porque el que es hijo de Dios puede vencer el pecado y las inclinaciones al mal, confiando en la ayuda que Cristo puede ofrecerle. ¡Nadie podrá jamás vencer en esta lucha sin creer que Jesús es el Hijo de Dios!

1 JUAN 5.3-5

Su amor

¿Sientes el amor de Dios en lo
profundo de tu corazón?
¡Es hora de que lo empieces a mostrar!
¡Comparte una sonrisa! ¡Brinda una mano!
¡Déjalo rebosar!

Dios nos demostró su amor enviando a su único Hijo a
este perverso mundo para darnos vida eterna por medio
de su muerte. Eso sí es amor verdadero. No se trata de
que nosotros hayamos amado a Dios, sino de que él
nos amó tanto que estuvo dispuesto a enviar a su único
Hijo como sacrificio expiatorio por nuestros pecados.

1 Juan 4.9-10

• • •

Y esa esperanza nunca nos defrauda, pues Dios
llenó nuestros corazones de su amor por medio
del Espíritu Santo que él mismo nos dio.

Romanos 5.5

Pero, ustedes amados míos, manténganse en su santísima fe, aprendan a orar guiados por el Espíritu Santo; entréguense al amor de Dios y esperen el día cuando nuestro Señor Jesucristo, en su misericordia, nos dará la vida eterna.

JUDAS 20-21

Su gracia

Esto se trata de esa segunda oportunidad
cuando fallas.
En lugar de ser duro contigo,
Dios es paciente.
Él te perdonará siempre que se lo pidas.
¡La gracia de Dios es más que suficiente!

Y nos destinó de ante mano, por su amor, para
adoptarnos como hijos suyos, por medio de Jesucristo,
debido a su buena voluntad. Esto fue para que le
demos la gloria a Dios por su extraordinaria gracia
que nos mostró por medio de su amado Hijo. Gracias
a que él derramó su sangre tenemos el perdón de
nuestros pecados. Así de abundante es su gracia.

EFESIOS 1.5-7

• • •

Porque el Señor es nuestra luz y nuestra
protección. Él nos da gracia y gloria. Ningún bien
se les negará a quienes hagan lo que es justo.

SALMOS 84.11

De la abundancia que hay en él, todos hemos
recibido bendición sobre bendición.

Juan 1.16

• • •

Y las tres veces me ha respondido:
«Debe bastarte mi amor. Mi poder se
manifiesta más cuando la gente es débil».

2 Corintios 12.9

El don del Espíritu Santo

Escucha atentamente al Espíritu Santo...
Comprenderás en tu corazón que:
Es ese sentimiento que te dice
lo que es correcto y verdadero;
Es la mano amiga que te extiende Dios.

Pero el Consolador, el Espíritu Santo, vendrá en mi
nombre porque el Padre lo enviará. Él les enseñará
todas las cosas y les recordará todo lo que les he dicho.

JUAN 14.26

• • •

—El Padre ha fijado ese tiempo —les contestó
[Jesús]—, y a ustedes no les corresponde saberlo.
Sin embargo, cuando el Espíritu Santo descienda
sobre ustedes recibirán poder para ser mis testigos
no sólo en Jerusalén, sino también en toda
Judea, en Samaria y hasta lo último de la tierra.

HECHOS 1.7-8

Ese Dios es precisamente el que nos mantiene firmes en Cristo, a ustedes y a nosotros. Él nos eligió, y ha puesto su marca en nosotros —marca que declara que le pertenecemos— y también ha puesto su Santo Espíritu en nuestros corazones como garantía de sus promesas.

2 CORINTIOS 1.21-22

Su alabanza

¡Entona una canción! ¡Aplaude!
¡Di fuerte su nombre! ¡Alábalo con gozo!
Agradece a Dios por todo lo que ha hecho
¡Seguro que se sentirá orgulloso!

Dichosos aquellos que escuchan el alegre
llamado a la adoración; porque ellos
caminarán en la luz de tu presencia, Señor.

SALMOS 89.15

• • •

¡Miren! ¡Dios ha acudido a salvarme! Estaré
confiado y no temeré, porque el Señor es mi
fuerza y mi canción, ¡él es mi salvación!

ISAÍAS 12.2

• • •

«¡Cuán grande es mi gratitud para con el Señor,
por su justicia! Entonaré alabanzas al nombre del
Señor que está por sobre todos los señores».

SALMOS 7.17

Oh Señor, por siempre cantaré la grandeza de tu amor; por todas las generaciones proclamará mi boca tu fidelidad. Tu gran amor dura para siempre; tu fidelidad dura tanto como los cielos.

SALMOS 89.1-2

La obediencia a tus padres

Un abrazo, un beso,
«por favor» y «gracias».
Y también: «Sí, con gusto lo haré».
De todas estas formas obedeces el mandamiento
de honrar a tu madre y a tu padre.

«Honra a tu padre y a tu madre,
para que tengas una vida larga y buena en
la tierra que el Señor tu Dios te da».

ÉXODO 20.12

. . .

Hijo mío, obedece siempre los mandamientos
y enseñanzas de tu padre y de tu madre.
Grábalos en tu corazón, cuélgalos alrededor
de tu cuello. Adonde vayas, te servirán
de guía; mientras estés dormido, te
protegerán; al despertar, te aconsejarán.

PROVERBIOS 6.20-22

Hijos, obedezcan a sus padres, pues esto es lo que deben hacer los que obedecen al Señor. «Honra a tu padre y a tu madre» es el primer mandamiento que contiene una promesa: «para que te vaya bien y disfrutes una vida larga».

EFESIOS 6.1-3

El hermano que debes ser

Si tu hermana se come el último
pedazo de pastel
o tu hermano la televisión no te deja,
recuerda cuán importante es que seas
el hermano que Dios quiere que seas.

El verdadero amigo siempre ama, y en tiempos
de necesidad es como un hermano.

PROVERBIOS 17.17

• • •

«Les doy este mandamiento nuevo: que se amen
unos a otros. Así como yo los amo, ustedes deben
amarse unos a otros. Si se aman unos a otros, todos
se darán cuenta de que son mis discípulos».

JUAN 13.34-35

Sobre todo, ámense en gran manera unos a otros, porque el amor cubre muchos pecados.

1 Pedro 4.8

• • •

Y sobre todo, vístanse de amor, que es lo que permite vivir en perfecta armonía.

Colosenses 3.14

La oración por tu familia

Hermanos, hermanas, tíos y tías,
También abuelitas y abuelitos:
Haz una oración por toda tu familia
¡Y agradécele a Dios por tenerlos contigo!

Entonces te deleitarás en el Todopoderoso, y
esperarás en Dios. Orarás, y él te escuchará,
y tú cumplirás cuanto le hayas prometido.

JOB 22.26-27

. • .

«Dios no ha pasado por alto tus
oraciones ni tus limosnas».

HECHOS 10.4

. • .

El Señor, que es fiel ... Que el Señor los lleve a amar
como Dios lo hace y a ser pacientes como Cristo.

2 TESALONICENSES 3.3, 5

Pero yo he puesto toda mi confianza en el Señor; yo confío en que Dios me salvará de cualquier peligro, y estoy seguro que siempre escucha mis ruegos.

MIQUEAS 7.7

El amigo que debes ser

Quejoso, malhumorado, egoísta y ofensivo.
¿Qué tipo de amigo serás?
Bondadoso, generoso, tierno y amable
¡Eso es un amigo genial!

Y el que le dé al más humilde de mis
discípulos un vaso de agua por el simple
hecho de que es mi discípulo recibirá su
recompensa: esto se lo aseguro yo a ustedes.

MATEO 10.42

• • •

«Ahora los llamo amigos, porque les he enseñado
todo lo que he oído decir a mi Padre. Ustedes
no me escogieron a mí, sino que yo los escogí a
ustedes, y los he mandado para que vayan y den
fruto, un fruto que dure para siempre. Así el Padre
les dará todo lo que le pidan en mi nombre».

JUAN 15.15-16

Más vale dos que uno, porque el resultado puede ser
mucho mejor. Si uno cae, el otro lo levanta; pero
si el hombre solitario cae, su problema es grave.

ECLESIASTÉS 4.9–10

El liderazgo:
Serás pescador de hombres

¿Quién te está observando?
¿Quién sigue tu ejemplo?
Un pescador de hombres ha de ser
¡Un buen hombre, por cierto!

Háganlo todo sin quejarse ni pelearse, para
que nadie pueda reprocharles nada y sean
hijos de Dios sin culpa en medio de esta
gente mala y perversa. Entre esa gente ustedes
brillan como estrellas en el firmamento.

FILIPENSES 2.14–15

• • •

Yo soy la vid y ustedes son las ramas. El
que está unido a mí, como yo estoy unido
a él, dará mucho fruto. Si están separados
de mí no pueden hacer nada.

JUAN 15.5

«Pero yo tengo testigos, oh Israel», dice el Señor.
«Ustedes son mis testigos, elegidos para conocerme
y creerme, y para entender que sólo yo soy Dios.
No hay otro Dios, jamás lo hubo ni lo habrá».

ISAÍAS 43.10

La oración por otros

Cuando alguien te lastime o
esté actuando mal
tómate un momento para orar.
Dios promete que solo tienes que pedir
y Él siempre te responderá.

Lo que recomiendo es que, en primer lugar,
hagan oraciones por todos; rueguen y supliquen
que Dios tenga misericordia de ellos, y denle
gracias. Oren en especial por los gobernantes y por
todos los que tienen autoridad, para que en paz y
sosiego podamos llevar una vida piadosa y digna.

1 TIMOTEO 2.1-2

· · ·

Por eso, confiésense unos a otros sus pecados,
y oren unos por otros para que sean sanados.
La oración del justo es poderosa y eficaz.

SANTIAGO 5.16

También quiero decirles que si dos de ustedes se ponen de acuerdo aquí en la tierra acerca de algo que quieran pedir en oración, mi Padre que está en los cielos se lo concederá, porque dondequiera que estén dos o tres reunidos en mi nombre, allí estaré yo.

MATEO 18.19-20

El servicio a los demás

Abre una puerta; rastrilla el césped;
Ayuda a papá a apilar la madera...
¿Cuántas formas se te ocurren hoy
de servir a otros como Dios nos enseña?

Cuando llegues a la tierra que el Señor tu Dios
te da, si hay pobres en medio tuyo, no cerrarás
tu corazón o tu mano en su contra. Deberás
ser generoso y prestarles cuanto necesitan....
Debes prestarle lo que necesita y no ser
mezquino en nada; porque a causa de esto el
Señor te prosperará en todo lo que haces.

Deuteronomio 15.7-8, 10

• • •

La religión pura y sin mancha que a Dios le
agrada es ésta: ayudar a los huérfanos y a las
viudas en sus problemas, y estar siempre limpio
sin mancharse con la maldad del mundo.

Santiago 1.27

Por ejemplo: un hermano o una hermana no tiene ropa para vestirse y tampoco tiene el alimento necesario para cada día. Si uno de ustedes le dice: «Que te vaya bien, abrígate y come todo lo que quieras», pero no le da lo que necesita su cuerpo, ¿de qué le sirve?

SANTIAGO 2.15-16

El cristiano que debes ser

¿Saben tus amigos que eres cristiano?
¿Se dan cuenta de que lo eres por
tus actos y tus palabras?
¡Proclama las buenas nuevas!
¡Haz lo correcto!
¡Sé cristiano en todo lo que hagas!

Y les dijo: «Vayan por todo el mundo y
anuncien las buenas nuevas a toda criatura»
… Los discípulos salieron a predicar por todas
partes. El Señor los ayudaba y confirmaba
su palabra acompañándola con señales.

MARCOS 16.15, 20

• • •

«Si alguno declara ante la gente que es
mi seguidor, yo declarare a su favor ante
mi Padre que está en los cielos».

MATEO 10.32

El que ha nacido de Dios no practica el pecado, porque la vida de Dios está en él; no puede vivir entregado al pecado porque ha nacido de Dios.

1 JUAN 3.9

Uses bien tu tiempo

Tú estás aquí por un motivo.
¡Hay una tarea que tienes que cumplir!
¡Usa cada momento de cada día
para cumplir el propósito de Dios contigo!

El perezoso desea mucho pero obtiene poco;
el que trabaja obtendrá todo lo que desea.

PROVERBIOS 13.4

• • •

Trabaja con empeño y gobernarás.

PROVERBIOS 12.24

• • •

El que anda por el camino recto, le teme al Señor;
el que anda por el camino del mal lo desprecia.

PROVERBIOS 14.2

Para todo hay un tiempo oportuno. Hay tiempo para todo lo que se hace bajo el sol.

ECLESIASTÉS 3.1

* * *

Pon en manos del Señor todo lo que haces, y tus planes tendrán éxito.

PROVERBIOS 16.3

Corramos por África

RECAUDEMONS DINERO PARA LOS NECESITADOS

Hagas lo que le agrada

Piensa acerca de lo que haces…
Tus acciones y tus palabras…
¿Haces lo que agrada al Señor?
¿O haces lo que a ti te gusta?

«Pero la hora se acerca, y ya está aquí, cuando
los que verdaderamente adoran al Padre lo harán
guiados por el Espíritu y en forma verdadera,
porque así quiere que sean los que lo adoren.
Dios es espíritu, y los que lo adoran deben hacerlo
guiados por el Espíritu y en forma verdadera».

JUAN 4.23-24

• • •

Así podrán agradar y honrar al Señor en
todo; harán toda clase de buenas obras y
conocerán cada día más y mejor a Dios.

COLOSENSES 1.10

«Ama al Señor tu Dios con todo tu corazón, con toda tu alma, con todas tus fuerzas y con toda tu mente», y «Ama a tu prójimo como a ti mismo». Jesús le dijo: «Contestaste muy bien. Haz eso y vivirás».

LUCAS 10.27-28

Aprendas más acerca de Él

¿Quieres una aventura sin fin?
¿Un viaje lleno de sorpresas?
Busca en la Biblia para aprender sobre Dios
¡y luego comparte con tus amigos su grandeza!

Su rescate no se pagó con cosas que se acaban …
sino con la preciosa sangre de Cristo, que fue como
un cordero sin mancha y sin defecto. A Cristo,
Dios lo había escogido desde antes de la creación
del mundo, y él apareció en estos últimos tiempos
para bien de ustedes. Por medio de Cristo, ustedes
creen en Dios, que lo resucitó y lo llenó de gloria,
para que ustedes pongan su fe y esperanza en Dios.

1 PEDRO 1.18B-21

• • •

Pues ustedes han nacido de nuevo, no
de padres mortales, sino de la palabra
de Dios que vive y permanece.

1 PEDRO 1.23

Así que ustedes, amados hermanos, puesto que ya están apercibidos, manténganse alerta, no sea que se dejen confundir y desviar por esos perversos individuos, y pierdan su firmeza y caigan. Más bien, crezcan en el amor y en el conocimiento de nuestro Señor y Salvador Jesucristo. ¡A él sea dada la gloria ahora y hasta eternidad! Amén.

2 Pedro 3.17-18

¡Seas fuerte!

Cuando la carga se haga pesada
Y el camino difícil e interminable,
Dios te hará ser fuerte y valiente.
¡Él promete ayudarte!

Él da fuerzas al cansado y extenuado, y
vigor al débil. Hasta los jóvenes quedan sin
aliento y los muchachos se dan por vencidos.
Pero los que esperan en el Señor renovarán
sus fuerzas: emprenderán vuelo como si
tuvieran alas de águilas, correrán y no se
cansarán, caminarán y no desfallecerán.

ISAÍAS 40.29–31

. . .

«Sé fuerte. Sé valiente. No temas delante
de ellos porque el Señor tu Dios estará
contigo, no te dejará ni te abandonará.»

DEUTERONOMIO 31.6

Pero su arma se mantuvo firme, sus brazos fueron fortalecidos por el Dios poderoso de Jacob, por el que es el Pastor y la Roca de Israel. ¡Que el Dios de tus padres, el Todopoderoso, te bendiga con bendiciones celestiales y con bendiciones del profundo mar, con bendiciones de los pechos y bendiciones de la matriz.

GÉNESIS 49.24-25

Influyas en tu mundo

Deja que el amor de Dios brille
en todo lo que hagas,
como una vela en una habitación
grande y oscura.
Deja que otros vean la grandeza del Salvador.
¡Deja que Él te use para brillar en sus penumbras!

Pero, ¿cómo van a buscar la ayuda de alguien en
quien no creen? ¿Y cómo van a creer en alguien de
quien no han oído hablar? ¿Y cómo van a oír de
él si no se les habla? ¿Y quién puede ir a hablarles
si no lo envía nadie? De esto hablan las Escrituras
cuando se expresan así: «¡Qué hermosos son los
pies de los que proclaman las buenas noticias!»

ROMANOS 10.14-15

• • •

Enséñame tus caminos, Señor, para que viva de acuerdo a
tu verdad. Concédeme un corazón puro para que te honre.

SALMOS 86.11

Tú le enseñaras a su pueblo que hay salvación
por medio del perdón de sus pecados.

LUCAS 1.77

• • •

Dios bendice a los que son buenos con los pobres.
El Señor los libra en tiempo de angustia.

SALMOS 41.1

Cuentes tus bendiciones

Espero que sepas contar hasta muy alto
y espero que al hacerlo, no te pierdas,
porque cuando empieces a contar tus bendiciones
¡verás que superan en número a las estrellas!

De lo alto nos viene todo lo bueno y perfecto.
Allí es donde está el Padre que creó todos
los astros del cielo, y que no cambia como
las sombras. Él quiso darnos vida por medio
de la palabra de verdad, para que fuéramos
como los primeros frutos de su creación.

SANTIAGO 1.17-18

• • •

Porque así como Dios le da semillas al agricultor
y también le da el pan que lo alimenta, así él
mismo les proporcionará abundantes cosechas,
para que ustedes puedan ayudar a otros. Sí,
Dios les dará a ustedes en abundancia para que
puedan dar en abundancia; y cuando entreguemos

las dádivas de ustedes a los que las necesitan,
prorrumpirán en acción de gracias a Dios.

2 CORINTIOS 9.10-11

• • •

Alabado sea Dios, Padre de nuestro Señor Jesucristo,
que nos bendijo con toda clase de bendiciones
espirituales en los cielos porque pertenecemos a
Cristo. Desde antes que formara el mundo, Dios nos
escogió para que fuéramos suyos a través de Cristo, y
resolvió hacernos santos y sin falta ante su presencia.

EFESIOS 1.3-4

Compartas con otros

¿Qué regalo tienes para dar?
¿Y qué talento para compartir?
Usa tu tiempo y tu don:
¡Muestra el amor de Dios en todas partes!

Sigamos firmes en la esperanza que profesamos,
porque él cumplirá la promesa que nos hizo.
Tratemos de ayudarnos unos a otros, para
animarnos al amor y a hacer el bien.

HEBREOS 10.23-24

• • •

«Den, y les darán a ustedes; es más, les echarán
en el regazo una medida llena, apretada, sacudida
y repleta. El principio es éste: con la medida con
la que midan a los demás los medirán a ustedes».

LUCAS 6.38

«Y a algunos les dio el don de ser apóstoles; a otros, el don de ser profetas; a otros, el de anunciar las buenas nuevas; y a otros, el don de pastorear y educar al pueblo. Su propósito es que su pueblo esté perfectamente capacitado para servir a los demás, y para ayudar al cuerpo de Cristo a crecer».

EFESIOS 4.11-12

Digas la verdad

Mentiras piadosas,
mentiritas o medias verdades:
La deshonestidad a Dios entristece.
Él quiere que seas sincero:
Di siempre la verdad y haz que se alegre.

Cuando los cubran las tinieblas, de repente brillará la luz. Ellos son generosos, misericordiosos y justos.

SALMOS 112.4

• • •

Señor, ¿quién puede habitar en tu santuario? ¿Quién puede vivir en tu santo monte? Sólo el de conducta intachable, que practica la justicia y de corazón dice la verdad; que no calumnia con la lengua, que no le hace mal a su prójimo, ni le acarrea desgracia a su vecino.

SALMOS 15.1-3

No se mientan unos a otros, ahora que ya murieron a aquella antigua vida llena de vicios. Ya se pusieron una ropa nueva, que es la nueva vida que se renueva todo el tiempo hasta que llegue a parecerse a su Creador.

COLOSENSES 3.9—10

Te pongas su armadura

¡Prepárate para la batalla!
Protégete del mal todos los días.
Ponte la armadura sagrada de Dios
¡Para ahuyentar el mal de nuestras vidas!

Vístanse de toda la armadura que Dios les ha dado,
para que puedan hacer frente a los engaños astutos
del diablo … ¡Manténganse firmes! Que su ropa
de batalla sea la verdad y su protección la justicia.
Estén siempre listos para anunciar las buenas
nuevas de la paz. Sobre todo, tomen el escudo de
la fe para apagar los dardos de fuego que arroja el
maligno. Pónganse el casco de la salvación y tomen
la espada que les da el Espíritu, que es la Palabra
de Dios. Sobre todo, oren a Dios en todo tiempo.
Y cuando lo hagan, sean dirigidos por el Espíritu.
Manténganse bien despiertos y vigilantes, y no
dejen de orar por todo el pueblo santo de Dios.

EFESIOS 6.11, 14-18

«El Señor tu Dios va contigo. Él peleará en favor tuyo contra tus enemigos, y te dará la victoria».

DEUTERONOMIO 20.4

• • •

Van a intentar acabar contigo, pero fracasarán porque yo estoy contigo, dice el Señor. Yo te libraré.

JEREMÍAS 1.19

Sientas que no eres importante

Cuando sientas que no vales nada,
¡recuerda cuán GRANDIOSO
es el que te creó!
Él nos hizo a todos en este mundo.
¡¿Sabes lo que eso significa?!
¡Que eres de Dios!

Que nadie te menosprecie por ser joven. Pero
sé ejemplo de los fieles en la forma en que
hablas y vives, en el amor, en la fe y en la pureza
…. Cuida estrechamente tus acciones y tus
enseñanzas. Mantente fiel en todo ello, porque
así te salvarás a ti mismo y a los que te escuchen.

1 TIMOTEO 4.12, 16

• • •

Todo lo puedo en Cristo que me da fortaleza.

FILIPENSES 4.13

El que comenzó tan buena obra en ustedes
la irá perfeccionando hasta el día en que
Jesucristo regrese. De esto estoy seguro.

FILIPENSES 1.6

Te encuentres en problemas

Déjame contarte un secreto:
Todos tropezamos en el camino alguna vez.
Cuando tropieces, vuélvete a Dios
Y Él arreglará todo.

Estamos acosados por problemas, pero no
estamos vencidos. Enfrentamos grandes
dificultades, pero no nos desesperamos. Nos
persiguen, pero Dios no nos abandona nunca.
Nos derriban, pero no nos pueden destruir.

2 CORINTIOS 4.8-9

* • *

Ahora ... el Señor ... dice: ¡No temas, pues yo te
rescaté, yo te llamé por tu nombre, eres mío!

ISAÍAS 43.1

Pero el Señor es bueno. Cuando llegan la angustia y la desesperación él es el mejor refugio. Protege a todos los que en él ponen su confianza; él conoce bien a los que le son fieles.

NAHÚM 1.7

Estés enfermo

¿Te sientes molesto, enfermo o deprimido?
¿Sientes que nunca vas a mejorarte?
Sólo descansa, relájate y recuerda
que Dios promete sanarte.

Si alguno está enfermo, que llame a los ancianos
de la iglesia para que oren por él y lo unjan con
aceite en el nombre del Señor. La oración que
hagan con fe sanará al enfermo y el Señor lo
levantará. Y si ha pecado, él lo perdonará.

SANTIAGO 5.14–15

. . .

Hijo mío, toma en cuenta mis consejos,
escucha atentamente mis palabras. No
pierdas de vista mis palabras, grábalas en lo
más profundo de tu corazón. Porque ellas
traen vida y salud a quienes las hallan.

PROVERBIOS 4.20-22

¡Señor, sólo tú puedes sanarme, sólo tú puedes
salvarme de todos los peligros, por eso toda
la gratitud de mi corazón es sólo para ti!

JEREMÍAS 17.14

Todo te salga mal

Tu bicicleta se hizo pedazos;
tu boletín tiene malas notas.
¡Nada te sale bien en estos días!
Pero, aun cuando todo parezca estar mal
¡Vive como un hijo de la luz!

Además, sabemos que si amamos a Dios, él hace
que todo lo que nos suceda sea para nuestro bien.
Él nos ha llamado de acuerdo con su propósito.

ROMANOS 8.28

• • •

No se dejen engañar por los que tratan de excusar
estos pecados, porque por esos pecados el castigo
de Dios viene sobre los que son desobedientes
…. Aunque ustedes antes vivían en tinieblas,
ahora viven en la luz. Esa luz debe notarse en su
conducta como hijos de Dios. Cuando esa luz
brilla, produce bondad, justicia y verdad.

EFESIOS 5.6, 8-9

¡Qué grandioso es él! ¡Cuán perfecto en todo!
Todas sus promesas se cumplen. Es escudo
para todo aquel que tras él se refugia.

SALMOS 18.30

Crecer se te haga difícil

Te perdiste al regresar del colegio,
los pantalones te quedan cortos
y el pelo tan largo no te deja ver.
Crecer no es nada fácil, pregúntale a papá
y confía en Dios cuando el mundo sea cruel.

Como niños recién nacidos busquen con
ansias la leche pura de la palabra. Así, por
medio de ella, crecerán en su salvación.

1 PEDRO 2.2

• • •

Él los mantendrá firmes hasta el fin, para
que nadie los pueda culpar de nada en el día
de nuestro Señor Jesucristo. Dios siempre
cumple su palabra, y él los llamó a vivir unidos
a su Hijo, Jesucristo, nuestro Señor.

1 CORINTIOS 1.8-9

Queridos hermanos, no se sorprendan del fuego de la prueba por el que están pasando, como si fuera algo extraño. Al contrario, alégrense de tener parte en los sufrimientos de Cristo, para que también se alegren muchísimo cuando se muestre la gloria de Cristo.

1 PEDRO 4.12-13

Necesites paciencia

Esperas lo que deseas…
Deseas mientras esperas…
Ser paciente nunca es fácil,
¡Pero son grandiosas las recompensas!

Y cuando se desarrolle completamente la firmeza,
serán perfectos y maduros, sin que les falte nada.

SANTIAGO 1.4

• • •

Espera al Señor; él acudirá. Sé valiente, resuelto
y animoso. Sí, espera, y él te ayudará.

SALMOS 27.14

• • •

El Señor es maravillosamente bueno con aquellos
quienes en él confían, con aquellos que buscan
seguir sus instrucciones. Es bueno esperar en
confiado silencio la salvación del Señor.

LAMENTACIONES 3.25-26

Cada mañana, Señor escucha mi clamor;
por la mañana te presento mis súplicas
y atento espero tu presencia.

SALMOS 5.3

Dios necesita a los varones

Dios crea a los varones para funciones
importantes.
Tanto jóvenes como adultos,
grandes como pequeños.
Que sean líderes,
enseñen o protejan a otros,
¡Dios los necesita a todos y cada uno de ellos!

«¡Oh Señor Dios», dije yo, «no puedo hacer eso!
¡No soy más que un muchacho! ¡Ni siquiera puedo
hablar con soltura!» No digas eso, respondió el
Señor, pues tú irás a dondequiera que yo te envíe y
anunciarás lo que yo te diga. Y no le tengas miedo
al pueblo, porque yo, el Señor, estaré contigo y te
libraré en caso de peligro. Luego el Señor me tocó
la boca y dijo: Mira, te he dado la capacidad de
comunicar mis mensajes. Hoy comienza tu trabajo:
prevenir a las naciones y a los pueblos del mundo.
De acuerdo con mis palabras, expresadas por tu

boca, yo derribaré a unos y los destruiré, y plantaré
y cuidaré a otros, los fortaleceré y los engrandeceré.

JEREMÍAS 1.6-10

· · ·

Pues conozco los planes que para ustedes tengo,
dice el Señor. Son planes de bien y no de mal,
para darles un futuro y una esperanza.

JEREMÍAS 29.11

Usa tus dones para servirle

¿Puedes hacer que la pelota vuele
hacia la base?
¿O en tu guitarra tocar un rock and roll?
Dios TE ha dado dones especiales...
¡No pierdas el tiempo! ¡Descúbrelos!

Cada uno de ustedes ha recibido algún don de
Dios, úsenlo para servir a los demás. Sean fieles
administradores de los diferentes dones de Dios.

1 PEDRO 4.10

• • •

Hagan lo que hagan, háganlo bien, como
si en vez de estar trabajando para amos
terrenales estuvieran trabajando para el Señor.
Recuerden que el Señor Jesucristo les dará
la parte que les corresponde, pues él es el
Señor a quien en realidad sirven ustedes.

COLOSENSES 3.23-24

A cada persona, Dios le ha concedido, en su bondad, el don de realizar cierta tarea. Así que si Dios te ha dado el don de profetizar, ejercítalo de acuerdo con la proporción de la fe que posees.

ROMANOS 12.6

Difunde las buenas nuevas

¡Cuéntales las buenas nuevas a todos!
Cuéntales la historia del Hijo de Dios,
cuéntales sobre Jesús, que vino a la tierra
y entregó su propia vida por nuestra salvación.

Las buenas nuevas del reino serán proclamadas
en todo el mundo, para que todas las naciones
las oigan. Y sólo entonces vendrá el fin.

MATEO 24.14

· • ·

Estoy seguro de que ya ustedes habrán oído hablar
de las buenas noticias que recibió el pueblo de
Israel sobre la paz con Dios, que se puede obtener
mediante Jesús el Mesías, Señor de todos.

HECHOS 10.36

Porque nunca me avergüenzo de las buenas
noticias; ellas constituyen el poder de Dios
para la salvación de todos los que creen. A los
judíos se les dio el privilegio de ser los primeros
en escuchar la predicación de este mensaje,
pero ya el mundo entero está escuchándolo.

ROMANOS 1.16

Haz que cada día sea especial

Aprovechar al máximo cada día de la vida
es la forma de agradecerle a quien la da.
Hoy es un día especialmente hecho para ti…
Piensa bien, ¿cómo lo vivirás?

Nuestros días en esta tierra son como la hierba,
como la flor del campo que florece y muere,
y que el viento se lleva y desaparece para
siempre. Pero el amor del Señor permanece
para siempre con aquellos que le temen.

SALMOS 103.15-17

• • •

El que anda con sabios, será sabio; al
que anda con necios; lo lastimarán.

PROVERBIOS 13.20

El que llegue a muy anciano regocíjese cada día de su vida, pero recuerde también que la eternidad es mucho más larga y que comparado con ella todo lo de este mundo es vano.

ECLESIASTÉS 11.8-9

Comparte tu fe

La fe es un regalo maravilloso de Dios.
Un regalo que Él quiere que compartamos.
En la escuela, en casa,
en la cancha de baloncesto,
¡Comparte las buenas nuevas en todos lados!

Les dijo: «La cosecha es mucha y son muy
pocos los obreros. Por eso, pídanle al Señor de
la cosecha que mande obreros a su campo».

LUCAS 10.2

• • •

Mantengamos fija la mirada en Jesús, pues de él
viene nuestra fe y él es quien la perfecciona. Él, por
el gozo que le esperaba, soportó la cruz y no le dio
importancia a la vergüenza que eso significaba, y
ahora está sentado a la derecha del trono de Dios.

HEBREOS 12.2

Por lo tanto, vayan y hagan discípulos en todas las naciones. Bautícenlos en el nombre del Padre, del Hijo y del Espíritu Santo, y enséñenles a obedecer los mandamientos que les he dado. De una cosa podrán estar seguros: Estaré con ustedes siempre, hasta el fin del mundo.

MATEO 28.19-20

• • •

La fe es la seguridad de recibir lo que se espera, es estar convencido de lo que no se ve.

HEBREOS 11.1

Él es tu Salvador

Jesús nació en un pesebre humilde;
Luego murió y se levantó de la muerte.
Pero he aquí lo más maravilloso de todo:
¡Es POR TI que decidió hacer todo eso!

Él nos salvó. Y lo hizo no porque fuéramos tan buenos
que lo mereciéramos, sino porque en su misericordia
Dios nos lavó los pecados. Y no sólo eso, sino que,
además, nos dio una nueva vida por medio del Espíritu
Santo que vertió abundantemente en nosotros,
gracias a la obra de Jesucristo, nuestro Salvador.

TITO 3.5-6

• • •

Dios hace justos a quienes creen en Jesucristo,
sin favoritismo alguno. Es así porque todos
hemos pecado y no tenemos derecho a gozar de
la gloria de Dios. Pero Dios, por su gran amor,
gratuitamente nos declara inocentes, porque
Jesucristo pagó todas nuestras deudas.

ROMANOS 3.22-24

Pero Dios es tan rico en misericordia y nos amó tanto que, aunque estábamos muertos a causa de nuestros pecados, nos dio vida con Cristo, pues sólo por su gracia somos salvos.

EFESIOS 2.4-5

Él es tu Señor

Tu Señor es a quien adoras;
Tu Señor es a quien obedeces.
¡Muéstrales a otros con tu propia vida
que Jesús, tu Señor, te guía!

Por eso Dios lo engrandeció al máximo y le
dio un nombre que está por encima de todos
los nombres, para que ante el nombre de Jesús
todos se arrodillen, tanto en el cielo como
en la tierra y debajo de la tierra, y para que
toda lengua confiese que Jesucristo es Señor,
para que le den la gloria a Dios Padre.

FILIPENSES 2.9-11

• • •

Si declaras con tu boca que Jesús es el Señor
y crees de corazón que Dios lo levantó de
entre los muertos, Dios te salvará.

ROMANOS 10.9

Y ahora, que la gloria, la majestad, el imperio
y la potencia sean eternamente del único Dios,
Salvador nuestro por medio de Jesucristo,
quien tiene poder para conservarlos sin
caída y, con gran alegría, presentarlos sin
tacha ante su gloriosa presencia. Amén.

JUDAS 24-25

Él es tu amigo

La vida con Él nunca termina.
Siempre cariñoso y comprensivo.
Él te está preparando un hogar en el cielo:
¡Eso es lo que yo llamo un amigo!

Yo estoy siempre a la puerta y llamo; si
alguno escucha mi voz y abre la puerta,
entraré y cenaré con él y él conmigo.

APOCALIPSIS 3.20

• • •

Acérquense a Dios y él se acercará a ustedes.
¡Pecadores, límpiense las manos! ¡Ustedes,
inconstantes, purifiquen su corazón!

SANTIAGO 4.8

Y mi mandamiento es este: que se amen unos a otros como yo los amo … Ustedes son mis amigos si hacen lo que yo les mando.

JUAN 15.12, 14

Él es tu esperanza

La Palabra de Dios nunca cambia;
Sus promesas siempre son firmes;
Así que pon toda tu esperanza en sus palabras,
¡Él las ha escrito sólo para ti!

Y encontrarme unido a él. No quiero la justicia propia
que viene de obedecer la ley, sino la que se obtiene
por la fe en Cristo. Esa es la justicia que viene de
Dios y está basada en la fe. Lo he perdido todo con
tal de conocer a Cristo, de experimentar el poder de
su resurrección, de tener parte en sus sufrimientos
y de llegar a ser semejante a él en su muerte. Así
espero llegar a resucitar de entre los muertos.

FILIPENSES 3.9-11

• • •

Entiende, pues, que el Señor tu Dios es el
único Dios fiel, que por mil generaciones es
fiel a su alianza y muestra su lealtad a los que
le aman y obedecen sus mandamientos.

DEUTERONOMIO 7.9

¡Alabemos a Dios, Padre de nuestro Señor Jesucristo!, porque su misericordia es grande y nos ha hecho nacer de nuevo por medio de la resurrección de Jesucristo. Esto fue así para que tengamos una esperanza viva y recibamos una herencia que no se puede destruir, ni marchitar ni manchar. Esa es la herencia que está reservada en el cielo para ustedes.

1 Pedro 1.3-4

Él es tu ejemplo

Amable, bondadoso y comprensivo;
También un humilde sirviente.
Jesús es tu ejemplo a seguir.
¡Que su amor brille en ti siempre!

Pero entre ustedes debe ser diferente. El que quiera ser superior debe servir a los demás. Y el que quiera estar por encima de los otros debe ser esclavo de los demás. Así debe ser, porque el Hijo del hombre no vino para que le sirvan, sino para servir a los demás y entregar su vida en rescate por muchos.

MARCOS 10.43–45

• • •

Para esto los llamó, para que así como Cristo sufrió por ustedes y les dio el ejemplo, ustedes sigan sus pasos … Cristo mismo llevó en su cuerpo nuestros pecados a la cruz, para que muramos al pecado y llevemos una vida justa. Cristo fue herido para que ustedes fueran sanados.

1 PEDRO 2.21, 24

Mantengamos fija la mirada en Jesús, pues de él viene nuestra fe y él es quien la perfecciona. Él, por el gozo que le esperaba, soportó la cruz y no le dio importancia a la vergüenza que eso significaba, y ahora está sentado a la derecha del trono de Dios.

HEBREOS 12.2

Él es tu protector

¿Monstruos en tu armario?
¿Temes abrir los ojos en la oscuridad?
Jesús es tu protector.
Mientras duermas, Él te cuidará.

Al acostarte, no tendrás ningún temor
y dormirás tranquilamente.

PROVERBIOS 3.24

• • •

En paz me acostaré y dormiré porque sólo
tú, Señor, me haces vivir seguro.

SALMOS 4.8

• • •

El Señor, que es fiel, les dará fortaleza
y los guardará del maligno.

2 TESALONICENSES 3.3

En cuanto a mí, me acerco a él lo más que puedo.
He elegido al Dios soberano como mi refugio,
y a todos contaré las maravillas que él hace.

SALMOS 73.28

Él es tu paz

Cuando sus amigos no sabían qué hacer
ante la furia del tempestuoso mar,
Jesús calmó la tormenta por ellos:
y a ti también te puede dar paz.

Así que, ahora que Dios nos ha declarado justos
por haber creído, disfrutamos de la paz con
Dios gracias a lo que Jesucristo nuestro Señor
hizo por nosotros. Por medio de él, y confiando
en su promesa, participamos de ese amor que
no merecemos, y en el cual nos mantenemos
firmes. Incluso nos sentimos orgullosos de
la esperanza de gozar de la gloria de Dios.

ROMANOS 5.1-2

• • •

Practiquen lo que han aprendido, recibido y
oído de mí, y lo que han visto en mí. Y obrando
así, el Dios de paz estará con ustedes.

FILIPENSES 4.9

Pronto el Dios de paz aplastará a Satanás
bajo sus pies. Que la gracia de nuestro
Señor Jesús esté con ustedes.

ROMANOS 16.20

Él es tu alegría

Él ofrece amor y paz
A todos los niños y niñas.
Dale tu corazón a Jesús
Y Él te dará alegría.

Dios ... te ha ungido, derramando sobre ti más
perfume de alegría que sobre los demás.

SALMOS 45.7

• • •

En cambio, este es el fruto que el Espíritu
produce en nosotros: amor, gozo, paz, paciencia,
benignidad, bondad, fidelidad, humildad y dominio
propio. No hay ley que condene estas cosas.

GÁLATAS 5.22–23

• • •

Dichosos los que se deleitan en cumplir
sus mandamientos y temen al Señor.

SALMOS 112.1

Después de todo, en el reino de Dios lo más importante no es comer ni beber, sino practicar la justicia y la paz y tener el gozo del Espíritu Santo. El que de esta manera sirve a Cristo, le causa alegría a Dios y es respetado por la gente.

ROMANOS 14.17-18

El amor de Dios nunca cambia

Así ha sido a través de los tiempos:
El amor de Dios fue, es y será.
Es perfecto y dura para siempre;
Su amor verdadero nunca cambiará.

Sabemos cuánto nos ama Dios porque hemos
sentido ese amor y porque le creemos cuando nos
dice que nos ama profundamente. Dios es amor,
y el que vive en amor vive en Dios, y Dios en él.

1 JUAN 4.16

• • •

Eso sí es amor verdadero. No se trata de que nosotros
hayamos amado a Dios, sino de que él nos amó tanto
que estuvo dispuesto a enviar a su único Hijo como
sacrificio expiatorio por nuestros pecados. Amados,
ya que Dios nos ha amado tanto, debemos amarnos
unos a otros. Porque aunque nunca hemos visto a

Dios, si nos amamos unos a otros Dios habita en nosotros, y su amor en nosotros crece cada día más.

1 Juan 4.10-12

• • •

Estoy convencido de que nada podrá apartarnos de su amor; ni la muerte, ni la vida, ni los ángeles, ni los demonios, ni lo presente, ni lo que está por venir, ni los poderes, ni lo alto, ni lo profundo, ni cosa alguna de toda la creación. ¡Nada podrá separarnos del amor que Dios nos ha demostrado en Cristo Jesús, nuestro Señor!

Romanos 8.38-39

Dios te ayudará a vivir para Él

El poder para ganarle al mundo,
la fuerza para terminar la carrera:
cuando aceptas el don de su gracia
Dios te promete esto y mucho más.

El ladrón sólo viene a robar, matar y
destruir. Yo he venido para que tengan vida,
y para que la tengan en abundancia.

JUAN 10.10

• • •

El pecado de aquel solo hombre trajo por
consecuencia el imperio de la muerte; pero por
causa de otro hombre, Jesucristo, reinarán en vida
los que reciben la abundancia del amor y del don
gratuito de Dios, por el cual nos hace justos.

ROMANOS 5.17

Lucha la buena batalla de la fe; echa mano de la vida eterna que Dios te ha dado y que has confesado ante tantos testigos.

1 TIMOTEO 6.12

Dios tiene el control

Desde las montañas, los valles y los mares
hasta los seres que viven allí,
Dios controla todo ello, y aun
se preocupa por ti y por mí.

De modo que Dios creó a los seres humanos
a su imagen. Sí, a su imagen Dios los creó. Y
Dios los creó hombre y mujer. Luego Dios los
bendijo y les dijo: «Tengan muchos hijos para
que llenen toda la tierra, y la administren. Ustedes
dominarán a los peces del mar, a las aves del cielo,
y a todos los animales que hay en la tierra».

GÉNESIS 1.27-28

• • •

El que vive al abrigo del Altísimo, descansará
bajo la sombra del Todopoderoso.

SALMOS 91.1

Clamé al Señor a voz en cuello, y él me respondió desde su monte santo. Luego me acosté y dormí en paz, y desperté a salvo, porque el Señor velaba por mí. Y ahora, aunque diez mil adversarios me tengan cercado, no tengo miedo.

SALMOS 3.4-6

Dios responderá tus oraciones

Como un padre con su hijo
Dios quiere escuchar todas tus preocupaciones.
Él promete responderte
si se las entregas en oración.

«Todo lo que ustedes pidan en mi nombre, yo lo haré; así el Padre será glorificado en el Hijo. Yo haré lo que ustedes pidan en mi nombre».

JUAN 14.13-14

• • •

«Pidan y se les concederá lo que pidan. Busquen y hallarán. Toquen y se les abrirá la puerta. Porque todo el que pide, recibe; y el que busca, halla; y al que llama, se le abrirá».

MATEO 7.7-8

«Por eso les digo que todo lo que pidan en oración, crean que lo recibirán, y así será».

MARCOS 11.24

Dios promete salvarte

Querido niño, de todas las
promesas de Dios
Esta es la mejor que he escuchado:
Si crees en su Hijo, Jesús,
Dios promete que serás salvo.

Dios amó tanto al mundo, que dio a su único
Hijo, para que todo el que cree en él no
se pierda, sino tenga vida eterna. Dios no
envió a su Hijo para condenar al mundo,
sino para salvarlo por medio de él

JUAN 3.16-17

• • •

Por su misericordia y por medio de la fe, ustedes
son salvos. No es por nada que ustedes hayan
hecho. La salvación es un regalo de Dios.

EFESIOS 2.8

Jesús le dijo: —Yo soy la resurrección y la vida. El que cree en mí, aunque muera, vivirá; y todo el que cree en mí nunca morirá. ¿Crees esto?

JUAN 11.25-26

• • •

Ciertamente, su salvación está cerca de quienes lo honran; nuestra tierra estará llena de su gloria.

SALMOS 85.9

Printed in the USA
CPSIA information can be obtained
at www.ICGtesting.com
LVHW020709050824
787165LV00009B/68